GROSEILLE DE MER

P. 26-27

ASTYANAX

P. 28-29

CORNEI

P. 30-31

ZÈBRE

P. 32-33

VACHE NORMANDE

P. 34-35

CARPE KOÏ

P. 36-37

COQ DORÉ

P. 38-39

LIÈVRE VARIABLE

P. 40-41

SEICHE

P. 42-43

CAMÉLÉON CORNU

P. 44-45

DRÔLE DE NATURE

DANS LA MÊME COLLECTION :

Drôles de parents, avril 2016
Drôles de camouflages, à paraître
Drôles de repas, à paraître

DU MÊME AUTEUR :

chez Gulf Stream Éditeur
Les petites bêtes sans queue ni tête, 2015
Les bêtes dangereuses, dévoreuses, venimeuses, 2014
Les bêtes biscornues, saugrenues, toutes nues, 2013
Les bêtes qui rôdent, qui rongent, qui rampent à la ville, 2011

DE LA MÊME ILLUSTRATRICE :

chez Gulf Stream Éditeur
Les bêtes associées pour le meilleur et pour le pire, 2015
Les petites bêtes sans queue ni tête, 2015
chez d'autres éditeurs
Il était deux fois dans l'Ouest, éditions Sarbacane, 2015
Respecter les animaux, collection « À petits pas », Actes Sud Junior, 2013

Direction de collection : Jean-Baptiste de Panafieu, **Direction éditoriale** : Paola Grieco, **Suivi éditorial et maquette** ; Nadia Humbert, **Direction artistique** : Marie Rébulard, **Correction** : Romain Allais

Illustration page de gauche : p. 6, 8, 14, 28, 30, 40, 44 © Lucye Rioland, p. 10, 12, 20, 36, 42 © Pascal Robin, p. 16, 18, 24 © Matthieu Rotteleur, p. 34 © Élodie Dumoulin, p. 26 © Amandine Labarre, p. 32 © Lionel Tarchala, p. 22 © Sandrine Lefebvre, p. 38 © Isabelle Arslanian.

Achevé d'imprimer par GRASPO CZ pour le compte de Gulf Stream Éditeur

ISBN : 978-2-35488-330-0
Loi 49-956 du 16 juillet 1949 sur les publications destinées à la jeunesse
www.gulfstream.fr

DRÔLES DE COULEURS

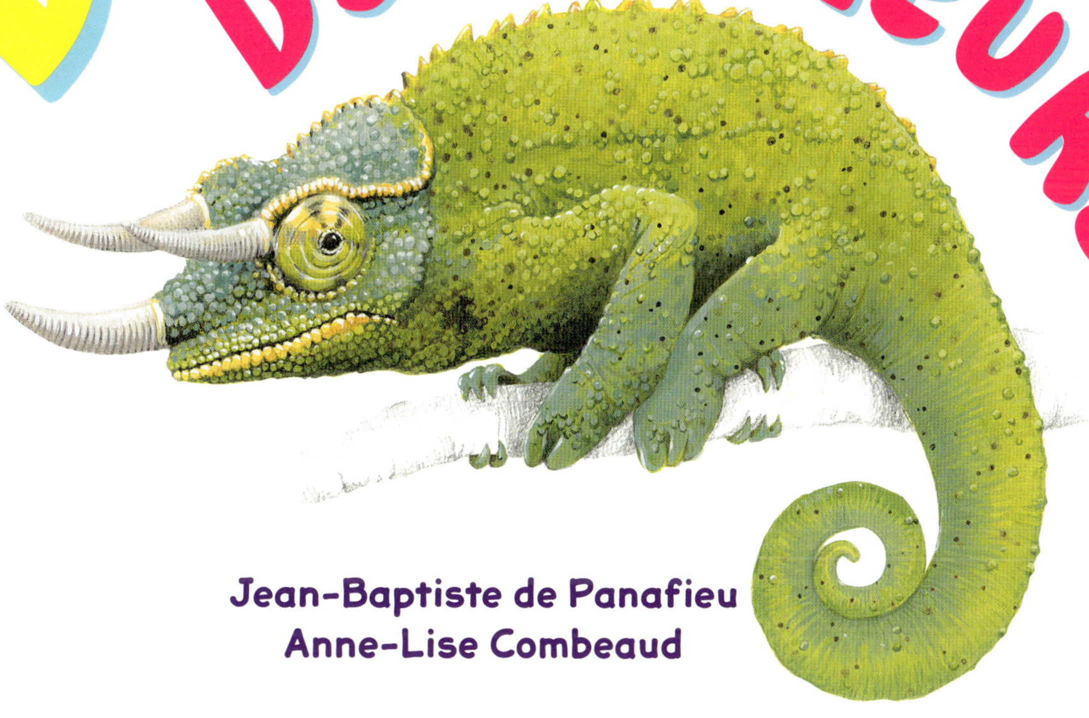

Jean-Baptiste de Panafieu
Anne-Lise Combeaud

Gulf stream éditeur

LA PUNAISE ARLEQUIN

CARTE D'IDENTITÉ

ZOOLOGIE : insecte
LONGUEUR : 10 mm
DISTRIBUTION : sud de l'Europe
MILIEU DE VIE : prairies et jardins
DURÉE DE VIE : 1 an

JE SUIS UNE PUNAISE ARLEQUIN :

Mon emplacement favori, c'est une carotte sauvage en plein soleil ! J'enfonce mon rostre (une sorte de trompe dure) dans la tige et j'aspire la sève de la plante. Je mange aussi des graines et parfois j'avale au passage un petit insecte. Mes ailes sont cachées sous le bouclier qui recouvre mon dos. Elles me permettent de voler d'une fleur à l'autre.

Les couleurs de la punaise arlequin

Son dos est rouge avec quatre ou six bandes noires. Son ventre est rouge tacheté de noir. Ces couleurs la rendent **parfaitement visible** lorsqu'elle se pose sur une fleur blanche ou une plante verte pour se nourrir. Pourtant la punaise est peu inquiétée par les prédateurs.

Pourquoi est-elle rouge et noir ?

Lorsqu'on la touche, la punaise arlequin émet aussitôt un liquide **à l'odeur désagréable**. Les jeunes oiseaux mangent parfois une punaise, mais ne recommencent jamais ! Pour les prédateurs, ses couleurs tranchées constituent **un avertissement** très clair : « Je suis immangeable ! ».

L'HIPPOPOTAME

CARTE D'IDENTITÉ

ZOOLOGIE : mammifère
LONGUEUR : 4 m
DISTRIBUTION : Afrique
MILIEU DE VIE : Lacs, rivières
DURÉE DE VIE : 55 ans

JE SUIS UN HIPPOPOTAME :

Je me contente souvent de flotter dans la rivière, ne laissant poindre à l'air libre que mes oreilles, mes yeux et mes narines. Ainsi, je vois, j'entends et je sens ce qui se passe autour de moi et je peux aussi respirer ! Le soir, je vais à terre pour brouter l'herbe. Je préfère alors être seul et je me mets vraiment en colère si l'on me dérange !

Les couleurs de l'hippopotame

Le dos de l'hippopotame est gris, comme sa tête et ses pattes. Son cou et le tour de ses yeux sont souvent roses. Et l'ensemble de son corps a parfois **des reflets rouges ou bruns**. Sa peau produit en effet une sorte de **sueur rose** qui brunit au soleil.

Pourquoi est-il rose ?

On croyait autrefois que l'hippopotame transpirait du sang ! C'est en réalité **un liquide protecteur** contre les coups de soleil. Il agit aussi comme un antibiotique en empêchant les microbes de se développer. C'est important car les hippopotames se blessent souvent lorsqu'ils se battent.

LE FLAMANT ROSE

CARTE D'IDENTITÉ

ZOOLOGIE : oiseau
HAUTEUR : 1,10 à 1,50 m
DISTRIBUTION : Europe, Asie, Afrique
MILIEU DE VIE : marais
DURÉE DE VIE : jusqu'à 80 ans (dans les zoos)

JE SUIS UN FLAMANT ROSE :

Je m'éloigne rarement des marais où je trouve ma nourriture. Là, je marche lentement en gardant le bec sous l'eau, légèrement entrouvert. Je filtre l'eau pour retenir dans mon bec les petits animaux : des sortes de crevettes, les artémias, ainsi que des vers ou des coquillages. Au printemps, je construis au bord de l'eau un nid de boue séchée et j'y ponds un gros œuf blanc.

Les couleurs du flamant rose

Le flamant a le corps rose clair et un bec rose et noir. Ses pattes sont d'un rose presque rouge. Lorsqu'il s'envole, on voit que ses ailes sont rose foncé et noir. Mais **certains flamants roses ne sont pas roses du tout** ! Dans les zoos, ils sont souvent blancs.

Pourquoi est-il rose ?

C'est ce qu'il mange qui le rend rose ! Les artémias qu'il avale par milliers semblent presque transparentes, mais elles sont en réalité très légèrement roses, parce qu'elles ont mangé **des algues rouges microscopiques**. Si le flamant mange autre chose que ces crevettes, il devient blanc !

LE ROUGE-GORGE

JE SUIS UN ROUGE-GORGE :

D'habitude, je me tiens sur un buisson d'où je peux observer le sol. Dès que j'aperçois un insecte, une graine ou une baie tombée à terre, je m'envole pour saisir ma proie, avant de me percher à nouveau. Je chante souvent, surtout pour prévenir les autres rouges-gorges de ne pas approcher de mon territoire !

CARTE D'IDENTITÉ

ZOOLOGIE : oiseau
LONGUEUR : 14 cm
DISTRIBUTION : Europe, Asie, Afrique du Nord
MILIEU DE VIE : bois, taillis, jardins
DURÉE DE VIE : jusqu'à 12 ans

Les couleurs du rouge-gorge

Le rouge-gorge se reconnaît facilement à **son poitrail rouge**, ou plus exactement rouge-orangé. Cette tache colorée couvre aussi sa face. Le reste de son plumage est brun, sauf le ventre, presque blanc. Le mâle et la femelle se ressemblent beaucoup, mais **le jeune est plus terne**.

Pourquoi a-t-il une gorge orange ?

Chez le mâle, cette couleur vive est **un avertissement** pour les autres rouges-gorges : s'ils approchent, ils risquent un coup de bec ! C'est aussi un signal **pour les femelles** : une couleur vive indique un mâle en bonne santé, qui sera efficace pour nourrir les petits !

LE FRELON

CARTE D'IDENTITÉ

ZOOLOGIE : insecte
LONGUEUR : 25 mm
DISTRIBUTION : Europe, Asie, Amérique du Nord
MILIEU DE VIE : bois, campagne
DURÉE DE VIE : quelques mois

JE SUIS UN FRELON :

Je vis avec plusieurs centaines de sœurs dans un nid que nous avons fabriqué avec de la pâte de bois mâché. Je m'envole le matin à la recherche de mouches, de sauterelles et de chenilles que je rapporte au nid pour nourrir la colonie. Quant à moi, je grignote au passage des morceaux de fruits et des insectes. On a parfois peur de moi, mais en réalité je ne suis pas agressif si je ne suis pas pourchassé.

Les couleurs du frelon

La tête du frelon est rousse, avec une face jaune vif et de grands yeux bruns. Le thorax est roux, tacheté de brun. Son abdomen est jaune avec des anneaux et des taches brun foncé. Le frelon **ressemble beaucoup à une guêpe**, mais il est deux fois plus grand.

Pourquoi est-il jaune ?

Le frelon possède un aiguillon venimeux qu'il utilise dès qu'il se sent menacé. Pour les animaux insectivores, sa couleur est **un signal de danger** très clair. Un jeune oiseau inexpérimenté se risque parfois à le manger, mais après avoir été piqué il comprend la leçon !

L'ARAIGNÉE-CRABE

CARTE D'IDENTITÉ

ZOOLOGIE : arachnide
LONGUEUR : jusqu'à 10 mm (femelle)
DISTRIBUTION : Europe, Amérique du Nord
MILIEU DE VIE : sur les fleurs et les buissons
DURÉE DE VIE : peut-être 2 ans

JE SUIS UNE ARAIGNÉE-CRABE :

À l'affût sur une fleur, j'attends que des proies viennent à moi ! Lorsqu'un bourdon vient chercher du nectar ou du pollen dans la fleur, je referme sur lui mes longues pattes et je le mords pour lui injecter du venin. Lorsqu'il est mort, je le dévore !

Les couleurs de l'araignée-crabe

Son corps et ses pattes sont presque entièrement jaunes, avec deux bandes plus sombres de chaque côté de l'abdomen. Mais l'araignée-crabe est parfois presque blanche. Sa couleur dépend en fait **de la teinte de la fleur** sur laquelle elle se trouve.

Pourquoi est-elle jaune ?

Bien immobile sur la fleur, l'araignée-crabe est très difficile à repérer. Elle est si bien **camouflée** que l'insecte attiré par le pollen ne se rend pas compte du danger ! Lorsqu'elle change de perchoir, elle adapte **en quelques jours** sa couleur à la nouvelle fleur, entre blanc et jaune.

L'ÉLYSIE VERTE

JE SUIS UNE ÉLYSIE VERTE :

Je nage lentement dans les eaux calmes des mares et des lagunes, au bord de la mer. Jeune, j'ai brouté les algues microscopiques qui couvrent les rochers mais, maintenant que je suis adulte, je ne me nourris plus. Je me contente de m'étaler au soleil et de me laisser flotter tranquillement !

CARTE D'IDENTITÉ

ZOOLOGIE : mollusque
LONGUEUR : jusqu'à 6 cm
DISTRIBUTION : Atlantique Ouest, le long des côtes de l'Amérique
MILIEU DE VIE : mares du bord de mer
DURÉE DE VIE : 1 an

Les couleurs de l'élysie

L'élysie est entièrement verte, avec le dos plus foncé que le ventre. Elle ressemble un peu à **une feuille d'arbre**, non seulement par sa couleur, mais aussi par la forme de son corps, large et peu épais. Pourtant ce n'est pas une feuille, mais bien un animal, de la famille des limaces de mer.

Pourquoi est-elle verte ?

L'élysie a conservé le colorant vert **des algues** qu'elle a mangées lorsqu'elle était jeune. Ce colorant, appelé chlorophylle, permet normalement aux plantes de vivre **grâce à l'énergie du soleil**. L'élysie utilise la chlorophylle à son profit et vit comme une plante, sans manger !

LA CÉTOINE DORÉE

JE SUIS UNE CÉTOINE DORÉE :

J'aime voler de fleur en fleur dans les jardins et les prairies ensoleillées. J'apprécie particulièrement les roses. Dès que je me pose, j'en grignote les étamines, qui sont remplies de délicieux pollen. Évidemment, les jardiniers disent que j'abîme les fleurs, mais il y en a tant que ce n'est pas bien grave !

CARTE D'IDENTITÉ

ZOOLOGIE : insecte
LONGUEUR : 20 mm
DISTRIBUTION : Europe
MILIEU DE VIE : prairies, jardins
DURÉE DE VIE : 2 ans

Les couleurs de la cétoine

Elle est verte, bleue, mauve, brune, rouge, noire et parfois… dorée ! **Sa couleur varie** d'une cétoine à l'autre, mais elle a toujours un aspect métallisé, lisse et brillant, à tel point que la cétoine a parfois été surnommée « **bijou vivant** ». Et lorsqu'elle bouge, on a l'impression que sa couleur change !

Pourquoi est-elle verte ?

On ne sait pas ! Ce pourrait être un moyen pour elle de **passer inaperçue** dans le feuillage des arbres, mais ce n'est pas sûr : elle est si brillante qu'on la voit de loin ! Son éclat est peut-être **un moyen de séduction**, un signal pour attirer un mâle ou une femelle pour la reproduction.

LE CHARTREUX

JE SUIS UN CHARTREUX :

Comme tous les chats domestiques depuis près de 10 000 ans, je vis avec les humains. Ils m'offrent un abri, me nourrissent et me laissent m'installer sur leurs genoux, où je peux dormir et ronronner tranquillement. En échange, je chasse les souris, mais seulement si j'ai envie de m'amuser !

CARTE D'IDENTITÉ

ZOOLOGIE : mammifère
LONGUEUR : jusqu'à 50 cm, sans la queue
DISTRIBUTION : monde entier
MILIEU DE VIE : maisons
DURÉE DE VIE : 18 ans, parfois plus

Les couleurs du chartreux

Ce chat se distingue par sa couleur **bleu-gris** et par sa fourrure épaisse et assez courte. La teinte en est plus ou moins foncée. Ses yeux sont **dorés ou orange**. Les chatons sont légèrement **tigrés**. On pense que le chartreux est originaire de Turquie et qu'il a été amené en France au Moyen Âge.

Pourquoi est-il gris-bleu ?

Comme chez les autres animaux domestiques, la robe des chats est très variable. Quand une nouvelle couleur apparaît **dans un élevage**, on cherche à obtenir de nombreux petits qui présentent cette particularité. Le gris-bleu des chartreux ne sert à rien au chat, mais **plaît beaucoup aux humains** !

LA FLABELLINE MAUVE

CARTE D'IDENTITÉ

ZOOLOGIE : mollusque
LONGUEUR : 5 cm
DISTRIBUTION : Atlantique, Méditerranée
MILIEU DE VIE : fonds rocheux jusqu'à 50 m
DURÉE DE VIE : 1 an

JE SUIS UNE FLABELLINE MAUVE :

Je nage dans la mer au-dessus des rochers. Attirée par une odeur, je m'approche et déguste quelques hydraires, des sortes de minuscules anémones de mer. C'est croustillant et piquant, tout à fait délicieux ! Je n'ai pas à m'inquiéter des poissons qui me frôlent, car ils ne cherchent jamais à me manger.

Les couleurs de la flabelline

Son corps est mauve, presque violet. Son dos porte **des tentacules mauves** qui lui servent de branchies pour respirer. Comme sa peau est **un peu transparente**, on distingue à l'intérieur ses intestins orange. À l'avant du corps, deux gros tentacules annelés lui servent de nez.

Pourquoi est-elle mauve ?

Sa couleur vive est un signal pour les poissons et les autres prédateurs. Les animaux qu'elle mange sont **urticants** : ils peuvent projeter des harpons microscopiques contenant du venin. La flabelline **garde ces harpons dans ses tentacules** et les réutilise pour se protéger elle-même. Personne ne se risque à l'attaquer !

LA GROSEILLE DE MER

JE SUIS UNE GROSEILLE DE MER :

Dans l'océan, je me laisse dériver lentement, poussée par le courant. Je porte des rangées de cils très fins qui battent à grande vitesse. Ce sont eux qui me permettent de me déplacer. Je suis entourée d'autres petits animaux du plancton marin. Ils se cognent souvent à mes deux longs tentacules collants. Ils sont alors immobilisés et il ne me reste plus qu'à les manger !

CARTE D'IDENTITÉ

ZOOLOGIE : cténaire
LONGUEUR : jusqu'à 3 cm
DISTRIBUTION : Atlantique, Méditerranée
MILIEU DE VIE : près de la surface de la mer
DURÉE DE VIE : quelques mois

Les couleurs de la groseille de mer

La groseille de mer est **presque transparente**. Seuls ses tentacules sont parfois colorés en rose ou en brun clair. Lorsqu'il fait beau, on la voit plus facilement car la lumière du soleil joue sur les cils qui l'entourent. On distingue alors **huit bandes irisées, multicolores et brillantes**.

Pourquoi est-elle transparente ?

Comme elle est presque totalement dépourvue de pigments colorés, elle est **très difficile à repérer**. La plupart du temps, elle passe complètement inaperçue des poissons. Mais les prédateurs qui se contentent de chasser au hasard, comme les méduses, peuvent les capturer !

L'ASTYANAX

JE SUIS UN ASTYANAX :

Je vis dans une rivière souterraine. Ici, il fait toujours nuit, sans la moindre lumière. Je nage pourtant sans me cogner aux rochers ! En effet, je sens les mouvements de l'eau grâce aux deux lignes très sensibles situées sur mes flancs. Pour me nourrir, je repère mes proies à leur odeur. Je mange surtout les petites crevettes qui nagent autour de moi.

CARTE D'IDENTITÉ

ZOOLOGIE : poisson
LONGUEUR : 12 cm
DISTRIBUTION : Mexique
MILIEU DE VIE : rivières souterraines
DURÉE DE VIE : 5 ans (en aquarium)

Les couleurs de l'astyanax

Son corps est entièrement blanc ou blanc-rosé, avec une tache rouge à l'avant. Comme l'astyanax n'a **pas d'yeux**, sa tête est blanche elle aussi. Mais dans les rivières qui coulent à l'air libre, dans la même région, on trouve **des astyanax gris-argenté avec de grands yeux noirs**.

Pourquoi est-il blanc ?

Les astyanax des grottes sont les descendants de ceux qui vivent à l'air libre. **Dans l'obscurité**, leur couleur et leurs yeux sont inutiles. Au cours du temps, les poissons ont perdu leurs yeux et leurs pigments. Mais **leur sang est resté rouge** et colore toujours les branchies qui leur servent à respirer.

LA CORNEILLE

CARTE D'IDENTITÉ

ZOOLOGIE : oiseau
ENVERGURE : jusqu'à 1 m
DISTRIBUTION : Europe, Asie
MILIEU DE VIE : campagne, ville
DURÉE DE VIE : 20 ans

JE SUIS UNE CORNEILLE :

Je vole au-dessus de la campagne et, dès que j'aperçois de la nourriture, je me pose. Un animal mort, des insectes ou des graines, tout me convient ! Je joue un rôle important car j'élimine les déchets qui traînent. J'aime aussi entrer dans les villes où les poubelles regorgent de plats appétissants ! Je sais bien ouvrir les sacs d'un coup de mon grand bec dur !

Les couleurs de la corneille

C'est simple, la corneille est **entièrement noire**, y compris son bec et ses yeux. On ne peut donc pas la confondre avec le merle, qui est tout aussi noir, mais nettement plus petit, avec un bec jaune vif. Le plumage de la corneille a parfois **des reflets brillants verts ou violets**.

Pourquoi est-elle noire ?

Les plumes de la corneille contiennent de la mélanine, un pigment brun qui est si abondant qu'il apparaît noir. Ce pigment rend le bec et les plumes **moins cassants et plus résistants** à l'usure. Et au soleil, la corneille se réchauffe rapidement et **sèche plus vite** si elle a été mouillée.

LE ZÈBRE

CARTE D'IDENTITÉ

ZOOLOGIE : mammifère
HAUTEUR : 1,50 m au garrot
DISTRIBUTION : Afrique
MILIEU DE VIE : savane
DURÉE DE VIE : 13 ans

JE SUIS UN ZÈBRE :

Je fais partie d'un troupeau qui comprend des centaines de zèbres, sans compter les petits ! Pendant la journée, je broute l'herbe et les buissons. Lorsque je galope, je peux dépasser la vitesse de 80 km/h. C'est très utile car les lions nous pourchassent souvent. Ils dévorent les zèbres malades ou vieux, ceux qui ne courent pas assez vite.

Les couleurs du zèbre

La robe du zèbre est blanche rayée de noir, de son museau jusqu'au bout de la queue. Seul le ventre est blanc. Sa crinière dressée est elle aussi rayée. **Les rayures sont différentes d'un zèbre à l'autre.** Il existe plusieurs espèces de zèbres, à rayures fines ou plus larges.

Pourquoi est-il zébré ?

Dans la nature, les rayures du zèbre ne le camouflent pas aux yeux des lions. Mais **les taons**, des mouches piqueuses, ne voient pas bien les rayures noires et blanches. Elles piquent donc rarement les zèbres. C'est important car ces insectes pourraient leur transmettre **des maladies dangereuses**.

LA VACHE NORMANDE

CARTE D'IDENTITÉ

ZOOLOGIE : mammifère
HAUTEUR : 1,40 m au garrot
DISTRIBUTION : France
MILIEU DE VIE : élevages
DURÉE DE VIE : 20 ans

JE SUIS UNE VACHE NORMANDE :

Pendant toute la journée, je marche lentement dans une prairie, en broutant l'herbe. Quand j'en ai assez avalé, je m'allonge et je rumine tranquillement pour bien digérer. Le soir, je rentre avec le troupeau à l'étable. Je passe d'abord à la trayeuse, une machine qui prélève mon lait. Puis je dors sur un lit de paille. Et le lendemain, je recommence !

Les couleurs de la vache normande

La robe de la vache normande est blanche tachetée de brun clair et de brun sombre. Les taches varient d'une vache à l'autre. Elles sont plus ou moins grandes et plus ou moins foncées. Il y en a souvent autour des yeux, comme des lunettes ! Le ventre, lui, reste blanc.

Pourquoi est-elle tachetée ?

De nombreux animaux domestiques ont un pelage blanc avec des taches brunes ou noires : on en trouve chez les chiens, les chats, les lapins, les chevaux, les vaches... Généralement, ce type de pelage est associé **à un caractère calme et peu agressif**, ce qui est important pour ceux qui vivent avec ces animaux !

LA CARPE KOÏ

JE SUIS UNE CARPE KOÏ :

Mes ancêtres vivaient dans les rizières de Chine et du Japon. Aujourd'hui, je me contente d'un bassin et je n'ai pas à m'inquiéter des gros poissons prédateurs ! J'aime fouiller le fond vaseux à la recherche de petits animaux, comme des vers ou des insectes. J'attends aussi le moment où l'on me jettera une pluie de délicieux granulés que je gobe l'un après l'autre.

CARTE D'IDENTITÉ

ZOOLOGIE : poisson
LONGUEUR : jusqu'à 1 m
DISTRIBUTION : monde entier
MILIEU DE VIE : bassins d'élevage, aquariums
DURÉE DE VIE : plus de 50 ans

Les couleurs de la carpe koï

Les carpes koï n'ont plus du tout la couleur des carpes sauvages, leurs ancêtres. Elles sont **rouges, blanches et noires**, parfois **jaunes, orange ou bleues**. La forme des taches colorées varie beaucoup d'une carpe à l'autre. Par exemple, il existe des carpes koï blanches avec une seule tache rouge sur le front.

Pourquoi est-elle multicolore ?

Les éleveurs de carpes koï choisissent soigneusement les mâles et les femelles qui vont se reproduire. Ils **sélectionnent les poissons selon leurs couleurs** et cherchent à obtenir de nouvelles teintes. Ils pourront alors les présenter **dans des expositions** qui réunissent des milliers d'amateurs !

LE COQ DORÉ

CARTE D'IDENTITÉ

ZOOLOGIE : oiseau
HAUTEUR : 50 cm
DISTRIBUTION : monde entier
MILIEU DE VIE : élevages
DURÉE DE VIE : 30 ans

JE SUIS UN COQ DORÉ :

Je vis dans une cour de ferme, avec des poules, des oies et des canards. Je gratte la terre avec mes pattes à la recherche de vers et d'insectes, mais je mange surtout le maïs qu'on me donne. Contrairement aux autres coqs, j'arrive à voler un peu, sur de courtes distances. On me nomme aussi coq gaulois.

Les couleurs du coq doré

Le cou et la tête portent des **plumes dorées**. Son dos est brun-rouge et son ventre noir, à **reflets violets**. Les plumes de la queue sont noires à **reflets verts**. Sa crête et les deux barbillons qui pendent sous le bec sont rouge vif. Les oreillons, des taches de peau nue sous les yeux, sont blancs.

Pourquoi est-il multicolore ?

Ce coq est la variété domestique qui ressemble le plus à son ancêtre, le coq doré sauvage qui vit dans les forêts tropicales d'Asie. Son plumage brillant lui servait à **séduire les poules** qui sont moins colorées. Mais il avait l'inconvénient d'attirer les prédateurs ! Aujourd'hui, le coq continue à parader dans les basses-cours, mais sans le moindre risque !

LE LIÈVRE VARIABLE

CARTE D'IDENTITÉ

ZOOLOGIE : mammifère
LONGUEUR : jusqu'à 60 cm
DISTRIBUTION : Europe, Asie
MILIEU DE VIE : montagnes, régions froides
DURÉE DE VIE : 3 ans

JE SUIS UN LIÈVRE VARIABLE :

L'été, je vis dans les prairies de montagne où je mange toutes sortes d'herbes parfumées et de jeunes tiges tendres. L'hiver, je me contente des bruyères et même de l'écorce des arbres. Dès que je perçois la présence d'un rapace ou d'une hermine, je m'aplatis dans la neige et ne bouge plus d'un poil. Je deviens alors pratiquement invisible !

Les couleurs du lièvre variable

En été, le pelage du lièvre variable est brun. En automne, lorsque les jours deviennent plus courts, il subit une mue : ses poils tombent peu à peu et **d'autres poussent à leur place**. Le nouveau pelage est presque entièrement blanc. À la fin de l'hiver, lorsque les jours rallongent, son pelage redevient brun.

Pourquoi change-t-il de couleur ?

Son pelage lui offre un excellent camouflage toute l'année. En été, avec son pelage brun, il se cache facilement **à terre ou dans les buissons**. L'hiver, son pelage blanc le rend très difficile à repérer **dans la neige**. Ses poils sont aussi plus longs : sa fourrure plus épaisse le protège mieux contre le froid.

LA SEICHE

CARTE D'IDENTITÉ

ZOOLOGIE : mollusque
LONGUEUR : 30 cm
DISTRIBUTION : océan Atlantique, Méditerranée
MILIEU DE VIE : en pleine mer ou près du fond
DURÉE DE VIE : 2 ans

JE SUIS UNE SEICHE :

Je nage lentement grâce aux ondulations de la nageoire qui entoure mon corps. Lorsque je vois un petit poisson ou un crabe, je lance vers lui mes deux longs tentacules. Je l'attire vers ma bouche et je le dévore avec mon bec corné. Si j'aperçois un danger, je projette un jet d'eau et pars en arrière comme une fusée, tout en lâchant un nuage d'encre noir pour masquer ma fuite.

Les couleurs de la seiche

Le corps de la seiche est blanc crème taché de brun, comme sa tête et ses tentacules. Chaque seiche a ses propres taches, mais elle peut modifier leur teinte et leur disposition. Elle est ainsi capable de **changer de couleur** selon l'endroit où elle se trouve.

Pourquoi change-t-elle de couleur ?

La seiche s'adapte à l'aspect du sable ou des rochers qui l'entourent. Elle est alors **très difficile à repérer**, pour ses prédateurs comme pour ses proies ! Mais sa teinte exprime aussi **ses émotions**. En période de reproduction, si elle cherche à éloigner un rival, elle peut passer du noir au blanc en un instant, comme un flash de lumière !

LE CAMÉLÉON CORNU

CARTE D'IDENTITÉ

ZOOLOGIE : reptile
LONGUEUR : 15-35 cm
DISTRIBUTION : est de l'Afrique
MILIEU DE VIE : forêts de montagne
DURÉE DE VIE : 8 ans (en captivité)

JE SUIS UN CAMÉLÉON CORNU :

Dans l'arbre où je vis, je me déplace lentement sur les petites branches à l'aide de mes doigts disposés en pinces. Lorsque je vois un insecte, je projette sur lui ma longue langue visqueuse. Il est aussitôt assommé et englué et je peux alors le manger. Ma tête porte trois cornes pointées vers l'avant. Elles me donnent un air menaçant, mais en réalité je suis inoffensif !

Les couleurs du caméléon

Sa peau est généralement tachetée de vert clair et de vert foncé, mais **il peut rapidement changer de couleur**. En quelques minutes, il passe du vert au marron, au rouge ou au bleu. Sa coloration et sa lenteur le rendent **presque invisible** pour les rapaces et les serpents.

Pourquoi change-t-il de couleur ?

Dans la végétation, le caméléon est très bien camouflé. Mais il se sert aussi de ses couleurs pour exprimer ses émotions. Lorsqu'un mâle en rencontre un autre, il tente de **l'effrayer** par des couleurs vives, jaunes ou bleues. Ces mêmes couleurs sont très **séduisantes** pour les femelles ! Mais s'il a très peur, il devient presque noir !

DRÔLE DE NATURE